广西全民阅读书系

广西全民阅读书系

葛竞 著

王运来 绘

中国现代数学之父

华罗庚

小学版

广西出版传媒集团　　广西科学技术出版社

图书在版编目（CIP）数据

中国现代数学之父华罗庚 / 葛竞著；王运来绘 . -- 南宁 : 广西科学技术出版社 , 2025.4. -- ISBN 978 - 7 - 5551 - 2427 - 6

Ⅰ . K 826.11 - 49

中国国家版本馆 CIP 数据核字第 2025 LU 8133 号

ZHONGGUO XIANDAI SHUXUE ZHI FU HUA LUOGENG
中国现代数学之父华罗庚

总 策 划　利来友

监　　制　黄敏娴　赖铭洪
责任编辑　朱　燕
责任校对　吴书丽
装帧设计　李彦媛　黄妙婕　杨若媛　梁　良
责任印制　陆　弟

出 版 人　岑　刚
出　　版　广西科学技术出版社
　　　　　广西南宁市东葛路 66 号　邮政编码　530023
发行电话　0771 - 5842790
印　　装　广西民族印刷包装集团有限公司
开　　本　710 mm × 1030 mm　1 / 16
印　　张　3.25
字　　数　47 千字
版次印次　2025 年 4 月第 1 版　　2025 年 4 月第 1 次印刷
书　　号　ISBN 978 - 7 - 5551 - 2427 - 6
定　　价　19.80 元

在美国芝加哥科学与工业博物馆内，精心展列着人类历史长河中88位最为重要的数学伟人。在这些闪耀着智慧光芒的名字里，来自中国的数学家华罗庚赫然在列。华罗庚，这位在中国数学发展历程中留下浓墨重彩一笔的杰出人物，以其卓越的数学成就和独特的学术贡献，赢得了国际数学界的广泛赞誉与高度认可。

　　华罗庚在数论、代数、几何等多个数学分支均有建树，其研究成果不仅推动了中国数学学科的发展，更是在国际数学舞台上产生了广泛而深远的影响，让世界看到了中国数学研究的强大实力与无限潜力。

　　在风光旖旎的太湖流域，有一座曾经并不起眼的小县城——苏州金坛，著名数学家华罗庚就诞生于此。童年时期的华罗庚活泼好动，是个十足的淘气包，可他对周遭事物充满好奇，尤其爱动脑筋。

　　有一回，华罗庚与同伴路过一片古老的陵园，看见路边矗立着的高大的石人石马。不禁陷入沉思，口中喃喃自语："该怎么称出它们的重量呢？"

　　同伴听闻，反驳道："这怎么能称出来呢？简直是开玩笑！"

　　华罗庚坚定地回应："以后肯定会有办法的。"

　　中学时代，华罗庚的字写得歪歪扭扭，学习成绩也不理想，因此常被视作学习马虎的差学生。直到他升入初中二年级，一次课堂上，老师出了一道颇具难度的古代数学题。同学们议论纷纷，试图寻找解题思路。就在这时，华罗庚第一个站起身，给出了正确答案。老师惊讶无比，翻开他那满是涂改笔迹的数学作业本后，更是惊呆了。仔细研究后老师发现，华罗庚的解题思路独特新颖，展现出了非同寻常的数学禀赋。自此，他开始处处留心观察华罗庚。

中国现代数学之父华罗庚

　　一天放学后，老师在校门口瞧见华罗庚，他快步上前，微笑着邀请华罗庚到自己家中，去翻阅那些珍贵的数学书籍，还格外叮嘱道，倘若遇到不懂的地方，大可随时向自己提问。华罗庚听闻，又惊又喜。原来，这位老师正是师从居里夫人的王维克老师！

　　自那之后，华罗庚成了王老师家的常客。在王老师家中，时常能看到王老师专注辅导华罗庚数学学习的身影。

　　在王老师家中，华罗庚看书的速度快得惊人。王老师担心华罗庚这般快速阅读未能真正理解书中精髓，于是抛出一连串问题，试图验证华罗庚的学习成果。只见华罗庚对答如流，不仅如此，他还细致地将书本中存在差错的地方指给王老师看。

　　王老师心中深知华罗庚确实是难得的可造之材。但他也明白，要帮助这个孩子在数学领域绽放出最耀眼的光芒，还有一段漫长的路要走。

那是一个寻常的春日，放学后，华罗庚兴冲冲地跑向王老师家。恰好撞见正要出门的王老师，他郑重地拿出一篇自己精心撰写的油印论文《福尔玛最后定理之证明》，递到王老师面前。王老师微微一愣，目光落在标题上，没想到这竟是关于一道世界著名数学难题的论文。此时，华罗庚得意扬扬地对王老师说："我已经给各个大学寄去，请王先生批评！"

华罗庚满以为这篇论文会得到王老师的赞许，没料到王老师会给他当头一棒。王老师表情严肃地说："想要证明福尔玛提出的定理绝非易事。从 17 世纪起，众多数学家绞尽脑汁，至今都未能完成。看看，你的证明所依据的公理似是而非，根本不能成立！"

华罗庚的脸渐渐涨得通红，惭愧地低下了头。王老师安慰并鼓励他："我希望你不要急于求成，更别灰心。用你的智慧和汗水去铸造钥匙，争取有朝一日打开这些难题之锁。"

　　初中毕业后的华罗庚，家中经济愈发窘迫，父亲实在无力承担他读高中的费用。无奈之下，华罗庚只能听从父亲的安排，就读于上海一所职业学校。

　　然而，命运的磨难并未停止。眼看到了即将毕业的关键时刻，家中连最基本的学费和生活费都凑不齐。华罗庚满心无奈与不甘，只能忍痛退学。

　　他黯然回到家乡，走进父亲那小小的店铺，开始帮忙料理生意。

　　在那狭小而简陋的小铺子里，每天破晓时分，华罗庚就早早起床，沉浸于书本的世界中。

　　一日，华罗庚正思考着一道数学运算题，浑然忘我。这时，一名顾客进店询问一团棉线的价格。他头也未抬，下意识地将正在演算的结果脱口而出，报了一个六位数。顾客听得一头雾水。父亲见状，又气又恼，冲上去夺过华罗庚手中的书，狠狠数落了他一顿。

　　还有一回，一名顾客买完东西付钱后刚离开，华罗庚意识到自己竟多找给了那位顾客整整一块大洋。他拔腿就往店外冲去追。可街巷中空空荡荡，哪还有顾客的影子。

　　这次严重的失误彻底惹恼了父亲。父亲本就对他痴迷书本不满，现在更觉得这些书害得家里损失钱财，毫无用处。往后，只要一见华罗庚手不释卷，父亲就怒不可遏地将书夺走，要往灶肚扔。可每次华罗庚都死死地捂住，不愿让心爱的书被付之一炬。

　　有一年秋风瑟瑟的时节，华罗庚跟随父亲前往茧场，为他人盘点蚕茧。在现场，父亲负责掌秤称重，华罗庚则负责监秤。两人忙碌许久，终于完成了手头的活计。然而当核对货账时，却发现账目差了一千多块钱，两本账怎么都对不上，在场的人瞬间慌了神，急得像热锅上的蚂蚁，不知如何是好。

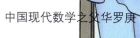

　　此时，华罗庚却异常冷静，他不慌不忙地拿过账本和算盘，全神贯注地开始核算。仅仅一顿饭的工夫，他便顺利完成工作，账目分毫不差。众人见状，惊讶得合不拢嘴，纷纷竖起大拇指，连连称赞华罗庚聪明过人。经此一事，父亲对儿子的看法终于有所改变，开始重新审视华罗庚的能力。

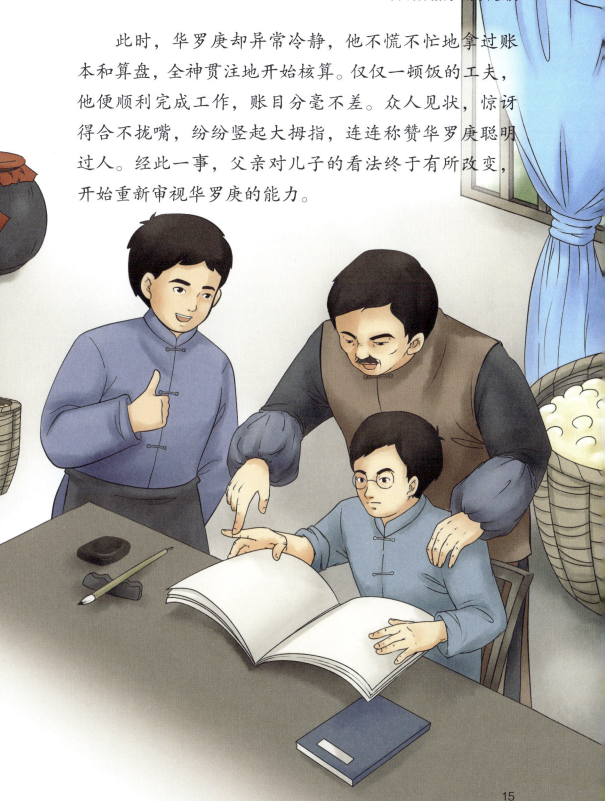

　　时光如白驹过隙，华罗庚已成家立业。一天，他翻阅《学艺》杂志，目光突然被一篇论文吸引。论文探讨的是一个早在1816年就被阿贝尔证明不可能的问题，而其作者正是大名鼎鼎的数学家苏家驹。

　　随着研读的深入，华罗庚敏锐地发现了文章中的破绽——一个十二阶的行列式计算出现错误。出于对数学真理的执着追求，华罗庚决定将自己的发现公之于众。他迅速撰写了《苏家驹之代数的五次方程式解法不能成立之理由》一文，并慎重地投给上海《科学》杂志，期待能引起学界的关注。

不久后，华罗庚染上伤寒，只能无奈地躺在医院的病床上养病。一天，华罗庚收到了一封邮件，里面装着一本《科学》杂志。他翻至杂志的目录页，《苏家驹之代数的五次方程式解法不能成立之理由》的标题赫然映入眼帘。再看文章作者，"华罗庚"这三个铅印字让他激动得不能自已，泪水夺眶而出，这本赫赫有名的杂志竟然刊发了他这个无名之辈写的论文……

　　在清华大学，数学教授杨武之（杨振宁之父）偶然看到了华罗庚发表的那篇文章。他从文章非同寻常的手笔和深厚功底来推断，作者极可能有留洋经历。可杨武之查遍了归国留学生名录，始终找不到"华罗庚"这个名字。他四处打听，终于从本系一名教员口中得知，华罗庚根本不是什么留学生，只是个初中毕业生，当下还在金坛中学从事打杂工作。杨武之深信这是一颗被埋没的数学明珠，便立即将文章推荐给数学系主任熊庆来。熊庆来阅读后，当即决定，将华罗庚邀请到清华大学，并为华罗庚提供施展才华的舞台。

　　大病初愈的华罗庚很快收到了来自清华大学的邀请。然而，当时，家中经济状况极度窘迫，连前往北京的路费都难以凑齐。华罗庚满心无奈与失落，只能眼睁睁看着这难得的机会从指缝间溜走。

　　可熊庆来并未因华罗庚不应邀而放弃。他再次写信，言辞恳切地表示，倘若华罗庚不能前来清华，自己将专程赶赴金坛拜访！这封带着沉甸甸诚意的信让华罗庚一家深受感动。

　　父亲深知对儿子而言这是改变命运的绝佳契机，于是四处奔走，东挪西借，终于凑够了华罗庚的路费。

　　怀揣着梦想与家人的期望，华罗庚踏上了前往北京的旅程。

1931 年，年仅 21 岁的华罗庚入职清华大学。然而，由于他仅有初中学历，只能担任整理图书、收发文件的助理员。每天日常工作一结束，华罗庚便迫不及待地跑去听课。在图书馆，常常能看到他专注的身影，他在那里度过的时间远远超过了在寝室休息的时间。

凭借着超乎常人的毅力，华罗庚仅用一年半的时间，便攻下了数学系的全部课程。为拓宽学术视野，他还自学了英文、德文和法文。此时的华罗庚恰似一只羽翼渐丰的雄鹰，开始在广阔的知识天空中自由地展翅翱翔。

    25 岁的华罗庚的进步速度令人惊叹。他全身心投入数论研究，相继在日本及欧美国家颇具影响力的数学杂志上发表了多篇高质量论文。这些论文一经刊出，便引起了国外数学专家们广泛的关注。

    清华大学的教授也注意到了华罗庚的卓越表现，为此专门开会商议破格提拔他为助教一事。讨论过程中众人意见不一，理学院院长叶企孙（中国近代物理学奠基人）力排众议，果断地拍板决定对华罗庚破格提拔。自此，这位仅有初中学历的青年学者成功登上了高等学府的讲坛，开启了他学术生涯的新篇章。

　　1935年，清华大学再次为华罗庚打破常规，破格提拔他为教员。1936年夏天，华罗庚获得中华教育文化基金的资助，奔赴被誉为"世界数学中心"的英国剑桥大学留学。

　　当华罗庚抵达剑桥时，在国际数学界堪称执牛耳之人的大师哈代恰好前往美国访问，二人未能如愿见面。不过，哈代此前早已读过华罗庚的论文，对他的学术才华极为赞赏，于是哈代特意托人转告华罗庚，倘若他愿意，完全可以在两年内就获得博士学位。

对此，华罗庚态度坚决且谦逊地转告拒绝了。后来当他见到哈代，更是明确表示：自己仅有两年宝贵的研究时间，渴望多学知识，多撰写有价值的文章。他说："我并非为获取学位而来，我真正追求的是纯粹的学问。"

　　在严谨的数学界，存在着一条明确的规则：没有得到严谨证明的难题是不能被尊称为"定理"的，只能以"猜想"之名存在。1770年，英国数学家 E. 华林敏锐地发现了一个极具挑战性的数论难题，后人称之为"华林问题"。它与著名的哥德巴赫猜想一样，同属世界级数论难题，长久以来吸引了无数数学家投身钻研。

　　在剑桥大学参与数论研究小组期间，华罗庚将目光聚焦于华林问题与哥德巴赫猜想，以此作为主要研究课题。经过不懈努力，他撰写的论文《论高斯的完整三角和估计问题》得以在权威的《伦敦数学学报》上发表。这篇论文一经发表，如一颗重磅炸弹，震动了整个数学界。

　　正当华罗庚在剑桥大学的学术研究蒸蒸日上之时，战争突然爆发。华罗庚不得不放弃在剑桥的研究，提前踏上回国之路。

　　回国后，华罗庚接受了国立西南联合大学的诚挚聘请。为了继续投身教育与学术事业，他带着一家人辗转来到云南昆明。尽管，国立西南联合大学条件艰苦，华罗庚的薪水微薄，一家人过着颠沛流离的日子，但华罗庚对数学的热爱与执着从未动摇。他始终坚守在学术的阵地上，在简陋的环境中埋头钻研。

　　在日本侵略军的铁蹄肆虐下，中国大地陷入战火纷飞的悲惨境地。彼时的昆明，空袭警报时常凄厉地拉响，人们一听到便纷纷慌乱地朝着防空洞奔去，只为躲避敌机的轰炸。当众人在防空洞中惶恐不安，或是焦急等待警报解除时，华罗庚却仿若置身于另一个宁静的世界。他手不释卷，沉浸在书本的知识海洋里，大脑飞速运转，全神贯注地独自思考着或为学生讲授着数学问题。

中国现代数学之父华罗庚

防空洞

32

那是一个寻常又惊险的日子，华罗庚刚踏出家门，空袭警报声突然响起。紧接着，一串炸弹如雨点般落下。巨响过后，不远处的防空洞被炸塌，华罗庚躲避不及，被埋在了泥土之中。

经过一番紧张救援，周围的人们总算将华罗庚从土里救了出来。可此次意外导致华罗庚耳朵出血，甚至有一段时间失聪。即便身处这般恶劣的环境，华罗庚依旧坚持钻研，最终完成了他的第一部数学专著《堆垒素数论》。在这部论著里，他深入阐述了自己对华林问题、哥德巴赫猜想及其他相关数学问题的新观点与研究成果。

　　1946 年秋天，华罗庚接到美国普林斯顿大学的邀请信，远渡重洋去到美国。凭借卓越的学术才能，他被美国伊利诺伊大学聘为终身教授，获得了优渥的生活条件与崇高的学术地位。然而，1949 年，中华人民共和国成立的消息如同一束强光，照亮了华罗庚的心。华罗庚毅然决定回国，并开始暗中有条不紊地积极做着准备。一个寒假，他巧妙地以到英国讲学为名，带着妻儿在旧金山登上一艘邮轮。在那辽阔的海面上，邮轮承载着华罗庚炽热的爱国之心，缓缓驶向祖国。

　　回国后的华罗庚深知还有众多留美学生正徘徊在人生的十字路口。怀着对同胞的殷切期望，他发表了一封致留美学生的公开信。信中，他言辞恳切地表示，应当早日回去，在祖国的土地上建立起事业的根基，为伟大祖国的建设和蓬勃发展全力奋斗！这封信如同一盏明灯，点醒了许多在海外迷茫彷徨的游子，激励他们鼓足勇气，冲破重重阻挠，返回祖国，投身社会主义建设的伟大事业。

　　在担任清华大学数学系主任期间，华罗庚凭借敏锐的学术眼光发现了数学界的后起之秀陈景润。此前，陈景润立志要攻克哥德巴赫猜想这一数学难题。他潜心研读华罗庚的名著《堆垒素数论》，日夜苦心钻研，最终写出论文《塔内问题》。不久，陈景润怀着忐忑与期待，给华罗庚写了一封信，并郑重附上自己的论文。华罗庚仔细研读论文后，迅速向中国科学院提出建议，力主将陈景润选调到数学研究所担任实习研究员。

1973 年 2 月，数学界迎来了一个重大突破。陈景润在权威的《中国科学》杂志上发表论文，掷地有声地宣布成功证明了哥德巴赫猜想的"1+2"定理。这一成果在国际数学界引起轰动，引发一片惊叹与赞誉。

国际数学界高度认可陈景润的成就，将他证明的定理命名为"陈氏定理"。此后，每当面对众人的赞誉，陈景润总是自豪并诚挚地表示：若没有我的老师华罗庚先生，或许我还在迷茫中徘徊呢！

　　自新中国成立以来，华罗庚便深刻领悟到"少年强则国强，少年智则国智"的道理，深知培育数学人才需从青少年抓起。于是，他积极组织数学竞赛活动，并全身心投入其中。工作之余，华罗庚还为青少年编写数学科普读物。凭借深厚的学术功底和独特的视角，他编写了《从杨辉三角谈起》《从祖冲之的圆周率谈起》及《数学归纳法》等浅显易懂的书籍，帮助青少年轻松踏入数学的奇妙世界。

　　1958 年，华罗庚出任中国科技大学副校长兼应用数学系主任。在深入工厂和农村走访调研的实地考察中，他敏锐地发现这些地方的管理工作存在严重弊端，由此，他萌生了将数学方法应用于生产管理的大胆想法。经过审慎考量，华罗庚最终选定把"统筹学"和"优选学"作为应用数学研究的突破点。在北京郊区的农村，他顶着炎炎烈日，和学生、助理们一同钻研，探讨打麦场在何处选址最为合适、怎样选址能最有效地优化粮食调度……致力将数学知识切实应用于实际生产生活。

中国现代数学之父华罗庚

　　华罗庚精心钻研的统筹法与优选法给农民的生产带来了翻天覆地的变化，极大地提高了生产效率。为了让这两种方法惠及更多人，他与学生、助理踏上了漫长的推广之路。他们的身影，时而出现在北京地铁热火朝天的施工现场，时而出现在广阔无垠的田间地头。

　　听过"双法"讲解的人们热情高涨，夜以继日地投入实践。华罗庚不辞辛劳，穿梭于各个现场亲自指挥。一期训练班结束后，收获了几十项显著成果，这份惊喜让华罗庚无比欣喜和振奋。

　　1985年，应日本亚洲学会邀请，华罗庚踏上前往日本访问和讲学的旅程。在此之前，他已饱受病痛折磨，两次心肌梗死使他的身体极为虚弱。在日本访问期间，多数时候他只能依靠轮椅行动。6月12日，在做一次重要报告时，华罗庚不顾病痛，坚持站着演讲。听众深深沉浸其中。原本计划仅四十五分钟的演讲足足延长了二十分钟。演讲圆满结束，在暴风雨般热烈的掌声中，华罗庚缓缓坐到轮椅上。就在那一瞬间，意外发生了：他突然从轮椅上滑落，双眼紧闭，失去知觉。

　　这颗闪耀在数学领域的巨星，就这样令人痛惜地陨落了……

　　华罗庚，无疑是数学苍穹中一颗熠熠生辉、闻名于世的巨星。他的故事感动着一代又一代中国人，激励着人们在面对挑战时无畏向前，勇敢追逐梦想，将满腔热忱奉献给祖国，在各自的领域发光发热。

延伸阅读

数论

1. 什么是数论

数论，就像是一个探索数字秘密的奇妙世界。在这个世界里，数字就像一个个有魔法的小精灵。比如，有些数字只能被 1 和它们自己整除，这些数字叫质数。质数可神秘了，数学家一直在研究它们的分布规律，如同寻找小精灵们藏身处。数论还研究一些数字之间的关系，比如哥德巴赫猜想说任何一个大于 2 的偶数都能写成两个质数相加的形式。这就像在给数字找朋友，看看它们怎么组合更有趣。华罗庚在这个奇妙的数论世界里仿佛一个超人，发现了数字的许多秘密，让人们对数字的认识更深入。

2. 方法独特巧妙

华罗庚在研究数论时会用到筛法。想象一下，数字就好比一堆豆子，筛法就像一个带有特殊小孔的筛子，能把符合特定条件的数字留下来，把其他不符的筛掉，用这种方法来研究质数等数字的规律。

此外，解析方法就像是给数字做 CT，用数学分析工具深入了解数字的内部结构和性质，看看数字之间有什么隐藏的关系。

生活应用

在网络安全方面，我们在上网购物、发信息时，数论能帮大忙。密码技术就利用了数论里质数的特性，让坏人很难破解密码，这样我们的钱和隐私就安全啦，这就如同给我们的信息穿上了一层超级铠甲。

在电子通信领域，数论也很厉害。它能使信号传输得又快又准，保证我们在打电话、看视频的时候不会出现卡顿，仿佛给信号开了一条超级高速公路。

统筹学

1. 什么是统筹学

统筹学可是一个超级厉害的时间魔法师哦，专门负责把各种复杂的事情安排得井井有条。它能把各个部分、各个环节，像拼积木一样合理地拼接在一起，让所有事情都能高效进行。它能让我们清楚地知道先做什么、后做什么，哪些事情可以同时做，合理安排时间和优化资源利用，使我们的生活和工作变得更高效。

2. 统筹学的一些关键特点

讲究规划安排。比如我们要去一个很远的地方旅行，统筹学会帮我们提前规划好路线，决定先去哪里、再去哪里、住在哪里、怎么坐车，让我们的旅行既轻松又愉快，不走冤枉路，也不浪费时间。

强调相互配合。比如学校组织大扫除，有人扫地、有人擦窗户、有人倒垃圾。掌握统筹学，会让大家知道什么时候该做什么，怎么让扫地的和倒垃圾的配合好，让擦窗户的也能和擦黑板的配合好，这样大家一起努力，很快就能把教室打扫得干干净净。

注重资源利用。假如我们要举办一场生日派对，统筹学会帮我们看看有多少气球、多少彩带、多少零食，然后合理安排，让这些东西都能充分利用起来，不会出现有的用不完、有的又不够用的状况，使派对既热闹又不浪费。

> **生活应用**
>
> 我们做事时运用统筹学能节省好多时间。比如早上准备出门上学，按照统筹学的方法，我们可以在热牛奶的时候去换衣服、整理书包，等牛奶热好了，我们也准备好可以出门了，比一件一件按顺序做要快得多、效率高得多。

优选学

1. 什么是优选学

简单来说，优选学就是帮我们在许多可能的方案里快速找到那个最好的。比如说，你要调一杯超级好喝的果汁，放多少果汁、多少水、多少糖才能使果汁最好喝呢？优选学会帮我们通过一些特别的方法，试试这个比例，再试试那个比例，很快就能找到让果汁调得最好喝的最佳搭配。它还能在我们做数学题找答案的时候，帮我们快速找到最简便、最正确的方法，让解决难题变得无比简单。

2. 优选学的特点

快速高效。优选学能在很多选择里，快速帮我们找到好的方案，不用我们一个一个慢慢去尝试。比如，工人要给一个大水池抹水泥，想知道用多少水泥最合适。要是一点点试的话，得花很长时间。用优选学，很快就能找到合适的用量，既节省材料又提升效率。

应用广泛。不管是工厂生产产品，还是农民种庄稼，或者是医生给患者治病确定合适的药剂量，都能用到优选学。比如农民种玉米，用优选学就能找到最合适的施肥量和浇水时间，让玉米长得又高又壮，结出更多玉米棒。

生活应用

假如你要复习好几门功课，每门功课的难易程度和重要性都不一样。用优选学，就能帮你安排先复习哪门、后复习哪门，花多少时间才能让你复习效率最高、考试成绩更好。

假期出去旅游，要选交通工具、订酒店、规划游玩路线。优选学可以帮你综合考虑价格、舒适度、方便程度等因素，找到最划算的出行方案，让你的旅行既省钱又好玩。